JOSEFA DE LIMA

A ESQUINA DO OLHAR

WANCEULEN
Editorial

WANCEULEN
Poética

©Copyright: Josefa de Lima
©Copyright: da presente edição, Ano 2019 WANCEULEN EDITORIAL

Título: A ESQUINA DO OLHAR
Autor: JOSEFA DE LIMA

Fotografia da capa: JOSÉ LUIS RÚA

Editorial: WANCEULEN EDITORIAL
Sello Editorial: WANCEULEN POÉTICA

ISBN Papel: 978-84-9993-240-8
ISBN Ebook: 978-84-9993-241-5

Impresso em Espanha. 2019.
WANCEULEN S.L.C/ Cristo del Desamparo y Abandono, 56 - 41006 Sevilla
Webs: www.wanceuleneditorial.com y www.wanceulen.com
Email: info@wanceuleneditorial.com

Ao Fernando António,
meu único filho

Prefácio de uma sintaxe

À Esquina do Olhar: convergência do "eu" e do mundo, do "dentro" e do "fora"; do imaginado, do observado; do insólito, do quotidiano; e, por vezes, também do absurdo de um e de outro. Mas não é a "esquina" o que mais importa: antes o "olhar". Porque se trata de um olhar novo, impiedoso, quase cruel, a traduzir-se nas constantes surpresas de uma sintaxe enleante, nunca enleada, e de um ritmo sincopado que nos obriga a aderir à sua própria respiração, e de imagens que nos cativam pela tensão dos seus contrários, a contensão das suas elipses e brusquidão com que deflagram, a penumbra em que se desvanecem.

Poesia do sussurro, mas de um sussurro feito de gritos abafados, a linguagem poética de Josefa de Lima equilibra-se num permanente gume de protesto, sem que, todavia, jamais resvale no lirismo protestatário, do mesmo passo que incessantemente avança pelos túneis do espanto, ainda que nunca tombando em abstractas formulações. E, por tudo isto, é uma poesia que perturba e destrói o habitual conformismo do leitor, obrigando-o, não raro, a pôr em causa a realidade do mundo em que vive ou, até mesmo, os legítimos fundamentos dessa realidade. Haverá missão mais alta para um poeta?

David Mourão-Ferreira

I

Sou

no branco lanço quase inteiro
o grito tinto de azul obstinadamente
percorridas todas as imaginações possíveis

quase inteira na seiva que deixo
no papel lavrado de um campo
sem fronteiras sou.

Num tempo sem medida

A casa é uma concha que se fecha sobre
outra que concha que sou eu. Projecto,
devolvo a mesma imagem à casca espelhada

de um corpo que se estria
num tempo sem medida.

Passou

Por mim passou o Halley - sem que tenha passado
Emeke, Biele ou Brooks –

Louco no trajecto contrário ao sol,

nebuloso, fugaz. Passou

e não deixou a maldição sujar-lhe o nome.

O abraço do tempo lento

Visto e dispo tédio
nos salteados cafés de sempre
nas retinas a rotina
nas mãos (o) partido o credo o pão

e o abraço do tempo lento
moendo esperanças e paciências

não fora a grafia dos meus desencantos
e a luz deste olhar perder-se-ia.

Pingo a pingo

Caio afogada, democrática bica,
na porcelana aquecida do stress colectivo

pingo a pingo.

Escorrem os desejos

Nos braços da noite amadureço:
máscara viva a pulsar toda inteira.

Do corpo da noite escorrem os desejos
até à última gota: ponho a minha boca
na boca da noite que se alonga
e tomba
esfumando-se na luz que se levanta.

O corpo acende-se

O corpo acende-se
O clarão escorre pelos olhos
É o dia dos incêndios ateados.

A lava sobe sem retorno

Um corpo em emergência dilata-se:
Uma bolha suspensa: dilui-se
no abismo telúrico de uma boca:
a lava sobe sem retorno.

Vertigem

Na fracção justa do tempo, aglutinado
o fogo imprime qualquer traço
aceleradamente: rasga-se o clarão
em mil faúlhas, liquefaz-se o ouro,
outro metal. Toma cor, forma,
o que a língua de fogo lambeu.

Um perfil

Risco um perfil neste espaço
Demoro nos olhos esboçados
Deslizo pela linha que os separa
Deixo a imaginação abrir o corpo.

Um lugar um país

Vamos fugir
da sombra das casas ardil-redil
que nos recolhe enquanto cordeiros
somos vamos
procurar outro universo
outro espaço no espaço
um lugar um país por habitar
onde
possamos parir os oceanos que
trazemos em gestação acelerada

Noite perfeita

Despem-se os véus na penumbra de
uma luz que os fita.

Nascem mornas as flores que se espalham
na brancura ansiosa de um corpo

Cresce perfeita a noite nos sentidos.

E o canto espalha-se
confunde-se
na imaginação do homem sem idade
deus-fecundante assumido
assim
na eternidade.

Começa e já termina

Oh! meu poema bastardo
na noite que começa e já termina
fingindo ser madrugada.

Breve é a passagem

É o rio todo que passa
no fio que te sacia e refresca

tê-lo-ás na essência não na dimensão
quando na sua pressa se firma no leito
e se escoa por entre os teus dedos

Breve é a passagem
afinal
como tu.

Infinita marcha dos detritos

Paraste aí, pequeno grão milenar,
Ancestral rocha lapidada
pelos astros, pelos ventos. Pousaste
aí, para de novo te lançares
no rodopio convulsivo
da infinita marcha dos detritos.

Um cais de imagens sobrepostas

A distância é uma porta que se fecha
sobre o olhar; um cais de imagens
sobrepostas; um
espaço onde a imaginação se reproduz
pontuando o dia e a noite. A distância

é uma ponte atravessada na emergência dos sentidos.
A distância é
a memória que tenho de ti.

Pena máxima

A minha pena máxima é o teu silêncio
a tua inexistência neste lado vivo.

Refazer

As pedras o homem juntou-as noutro lugar:
uma farpa enterrando-se pela carne líquida;
um indicador certo do horizonte diluído;
um caminho agudo para o isolamento.

Afastar-se como um contorno de um barco
quase imóvel no cenário
passando rente ao sol que prestes se afoga

no largo solitário flutua o farol
morno pálido o rio
com os seus olhos de vidro liso

a refazer
o nó dos braços no meu tronco de mulher.

Como um rio

Como um rio correndo sempre
nem a força contrária da corrente
de braços o detém

Assim se encontra e se procura
no leito que sulca palmo a palmo
sobre a lisura de quantas pedras cobre.

Nega a máscara que não sabe

Olho o rosto que a memória esquece e
umas asas descem sobre mim. Sinto-te
a alma no frio do papel. Leio
esse rosto com dedos lentos muito lentos
pode o sobressalto espantar o encanto.

Esse rosto o teu rosto olha-me e
Nega a máscara que não sabe
Por ser inteiro

Crescem as asas com os troncos

A prensa dos dentes tritura a palavra e a lágrima
mistura que escorre e barra as paredes lisas onde
crescem as asas com os troncos de Manaus

as mãos despidas sobram no espaço
o tempo cinzela a carne e a memória.

A lisura da alma

Um rosto na luz desnuda o tempo:
é contra a luz que o espelho devolve a lisura
da alma reflectida na pele.

O tempo é a ordem de cada ser

O tempo é a ordem de casa ser. O equilíbrio
de tudo de todo. O tempo
arruma-se com tempo nas linhas do rosto
nos lumens diminuídos de todas as veias
na poeira tecida sobre a memória
nos nós lentos dos troncos subindo

no silêncio breve de uma flor arrancada
num lago ferido por uma pedra qualquer
no amor perfeito de todas as aves

Indiferente. Certo. Cumpre-se.

Será que no espaço quando
uma estrela nasce outra se apaga?

À face da luz

Um perfil ajusta-se
à medida exacta do tempo
contrapondo-se à frontalidade
de uma face à face da luz.

Para cada tempo um rosto

Um rosto é uma ilha onde o náufrago enterra o desespero:

dele a flor o fruto a semente colhe

paciente no passo lento das estações: não mais que quatro.

Chega para cada tempo um rosto.

Pasma-se um homem

Um silêncio limpo reflecte todos os sons:
A queda surda de um peixe mergulhando
A pólvora posta em liberdade
A escrita breve das aves
O cantar rouco de um motor.

A água torna-se lisa no ponto-morto das marés
voltando a subir tão lenta quanto desceu.

Brancos na lezíria os bois horas e horas.
O tempo vive-se com tempo
sem pressa nem sobressalto que não seja
o adivinhar de uma agonia lenta.
Frisa-se a água com o sopro morno do vento.
Vermelho o sol parece outro mundo suspenso:
Pasma-se um homem.

II

Histórias que não sei

Hei-de falar, até quando?, do tempo
que sobra; desta luz rasgados os vidros,
caída sobre a mesa onde escrevo; da
insistente paisagem de cimento;
- pedaço de um éden imaginado, ao alcance
do olhar perplexo e perdido de quem
procura a fuga como fim. Hei-de voltar,

eu sei, ao velho do saco que me segue,
dele tirar todas as palavras que me faltam
para contar, sei lá?, histórias que não sei.

Como as primaveras florindo

Diz-lhes:
Nunca tiveste umas saias velhas
onde esconder a cabeça,
nem um berço com uma estrela...
Só fantasmas espalmados nas paredes
dos sonhos de terror.
E fadas? Tiveste?
Só uma transparente e rosada
na estrada de mimosas, cantando
como uma sereia: "por aqui... por aqui...
Diz-lhes:
Não te perguntavam, nunca, nada.
Para quê? Só as cabeças levantadas
e o indicador de quantas mãos?, te diziam:
"vai... vem...", e tu? Seguias a monotonia de
um canto partido de muitos cantos: O mesmo canto.
Diz-lhes:
As mimosas ficaram lá, no sul,
Repetindo-se com as primaveras. À tua espera
estão, florindo. Deixa o inverno passar,
por ti.

Os esqueço... os desejo

Rústica a floreira de *franco*: erguem-se cravos
em vez de rosas em fina loiça de *limoges.*
negado o lustre, o candelabro. Ausente
o castiçal de prata no piano por inventar.

De linha o hexágono pende da mesa redonda;
no centro as violetas descansam os pés
no círculo arenoso, cingidas pela faiança
de uma *feira franca* qualquer.

Encostada, a preguiça de veludo cardeal, espera
a criança que nela se aninha todos os fins de tarde
Ao lado, a cadeira de baloiço, onde escrevo
de costas para a fatia circular de madeira
suspensa por quatro pernas – remota lembrança de
um *menir* erguido por gerações caídas.

Um polígono de canas com tampo de vidro sustém
o estanho lavrado a fogo e os cactos magros,
curtos e grávidos com a luz filtrada pelos poros
de um *crochet* rente às finas fatias de vidro,

no espaço de
uma varanda aberta: um miradouro
onde o céu é recortado pela densa floresta
de cimento, repovoada todas as noites.

O silêncio cobre todas as manhãs e fins de semana
porque partem os activos para a cidade, ou
fatigados pelo amor vagaroso das noites, dormem,
ainda, manhã alta. Nas gaiolas ensaiam-se *árias;*
sinto os sons lavarem-me as nódoas da memória;

o mesmo canto: oiço os poetas não adormecidos
que esperam na estante à cabeceira. Quando quero
amo-os. Estão sempre comigo. Sempre. Por isso
os esqueço... os desejo.

Sábado sim Domingo não

A miúda magra de braços separa com a foice
o lixo do contentor da minha rua. Uma lata
e uma saca mesmo grandes não chegam
para tanto. Um cão fareja-lhe a escolha,
coça-se dobrado no chão, olha-a, fixa
o carro que vem chegando. Verduras,
optou por verduras. Chega
um caixote de fruta maçada que o marçano deixou
num gesto de estafa. Transborda a lata
"que bom!, laranjas, nêsperas, meloas!"

Uma mulher de bata sem mangas sobre as calças
velhas e pretas, de chinelos, despeja
mais um balde de lixo. Um tapete sacode
no umbral de mármore da porta fronteira. Do talho
o rapaz de branco sarapintado esfrega o estrado
com água e sabão. Escorre a mangueira erguida.

Amarelo o trapo nos cabelos pretos
suaviza as arestas, da dureza da lata.
Sobre esta, cheia, equilibrada a saca. Parece cair,

mas já o rapaz da fruta se lhe chega numa ajuda
trocada entre olhares. Lá vai alternando as pernas
de *colans* vermelhos, sapatos velhos.

Ouve-se opiar aflito de um pássaro pequeno
perdido de solidão numa gaiola.
As crianças correm pelo passeio como água,
desaguam nos parques próximos de um *abril* distante
Chegam carros, carros. Chegam mais
carros. Chega a carrinha da viúva alegre
que nunca fora viúva nem casada. Começam a ficar
cheios os passeios: os carros alinham-se coloridos.
Entram em casa carregados de compras, a viúva e o
homem,
despedido o casal que nela vivia, a meias: ele manco,
enfezado, ela enfezada e limpa: fazia-lhe a limpeza.
Pagavam-lhe a renda de uma moradia por um quarto.
Tinham-lhe feito um arranjão desde sempre. Agora
rua com eles, que tanto demoravam a pagar-lhes.
Barato o quarto, amplo, sossegado, sem vistas largas
para lado nenhum.

A vizinha de cima pergunta-me pelo filho que
"foi apanhar rãs com o meu e outros para o *Pendão*",
- não são más pessoas, ora não!, estão a dobrar a
esquina:

"temos um sapo grande, temos um sapo grande",
cantam. As rãs coaxam nas caixas, coaxam,
aos solavancos, coaxam. Quantos tiveram o azar
de entrar naquele andar,
despiram as roupas, as economias:
"os maridos relevantes, de relevantes cargos", dizia,
- não passavam de simples homens perdidos,
encontrados nos cafés ou nos jornais, em colunas
próprias para tal. Afinal, aquele rapagão trintão,
vendendo saúde, artigos para o lar,
enchera-lhe a casa e as medidas. –

O filho minguado, de afecto minguado,
 vendo em cada estação um estranho pela casa...
Os miúdos apressam o passo, felizes. Deles
o cheiro do campo solto pela brisa do fim da tarde...

A roupa seca no estendal, atrás de mim,
na corda branca de *nylon* prestes a rebentar. Olho
a mancha amarela no retalho verde de um campo
a cultivar: as ovelhas tasquinham a erva,
um potro pasta de patas dobradas. Recolhem
ao redil as ovelhas, o silêncio pesa
na tarde leve de cinza. O voo baixo dos pássaros
apressa a noite que não tarda. O pássaro esfomeado
pia na gaiola, ainda por visitar. Sem flores,

passa o velhote das flores: espalmadas
contra o peito leva as caixas de cartão prensado.
Direito, vai lento, a caminho do bairro económico:
a sopa, os netos, o genro, a nora,
a mulher, a cama, esperam-no.
O rapaz do talho recolhe o estrado: a espuma
encalha, desmancha-se numa agonia lenta. Um grupo
à porta do café: leves os velhos, pesados os jovens
é sábado. Fecha-se o talho. Morre a tarde ao dar à
luz: a noite insinua-se no horizonte.

A noiva

Esmeralda, deitada no meio de tanta flor!,
vestida de renda, branca. Branco, frio,
o olhar. Os lábios os dentes um sorriso
irónico, cosido o rasgão circular da têmpora
direita. Estava ali, deitada, perdida, como noiva,
rindo-se descarada, deles: o amigo, o novo-velho
a quem tirara a alegria de viver; ali,
grotesco, olhando-a, com os botões todos da farda

Amachucada e estreita. Na urna deitada,
com a morte escolhida: suicídio calculado,
frio. Na medula um cancro: uma elevação no sacro.
Tudo previra. Rir-se-ia de todos:

a mãe de olhar húmido, alongado;
os amigos atónitos com quem dançara e
ele, o noivo, incriminado pela arma.
Nunca pensara ver tantos de farda igual
à dele, iguais, nas carrinhas iguais. Não
desfilavam por ela, sabia-o: por ele.   A
s raparigas de pestanas longas, irregulares

na vida, iam por ela, largando o trabalho fácil
de um dia, rímel escorrido pelas faces,
cabelos tesourados, roupas de saldo.

A mãe que lhe comprasse o vestido de noiva
no *Babilónia*, gostara tanto dele para aquele dia!,
o amigo, também. Porque fizera aquilo, rindo-se,
escondendo o verde do olhar, deixando ver o branco
pelas pestanas entreabertas, rindo-se...rindo-se...

De poliéster pérola: o sonho

A capelista da esquina
a sonhar ao balcão:
com o *totoloto,* a moradia
com cave para o vinho, rés-do-chão e
dois andares: um para cada filho que tem:
dois,
depois a recepção, a rigor, dos amigos
tão ricos de sonho como ela,
- envoltos em luzes psicadélicas; a viver
com um *Tarzan* forte, forte de braços
onde ela se estreitasse e não sentisse folgas,
ela que casou com um homem magro de carnes
e de ossos, a ser protegido quando
bebe e não bebe, sempre!
Tudo vem à baila quando
os olhos fartos de água, de vida
por viver, pingam no balcão
de *poliéster* pérola: o sonho.

A viagem

Uma tenaz de dedos suspende:
um lenço sujo seca-lhe
os cantos da boca.

Um colar em tons de azul
desfeito: um peito entornado
num tempo por definir.

Sonhos, o quê?
Contas
a fazer num bloco de bolso:
as colunas somam,
os lábios também,
uma folha e outra.
Pesam-lhe as bochechas moles,
turva-se-lhe o rosto, as mãos.
Colunas,
colunas.
Avança uma folha,
um cálculo cai,
cai o olhar,
as mãos...

Sonhos, o quê?

O pão nosso de cada dia

"Embrulhe-me
quatro carcaças, dona Gertrudes. Vai ao enterro?,
o da velhota vestida de negro que
todos os dias se sentava à mesa de um café
vendendo peúgas, lençóis, vendendo. Há oito dias
que morreu o meu marido. "O que tinha?"
- Um cancro na garganta. "Foi
rápido?" - Desde o Natal...
o mal desceu-lhe para as articulações...
Fazia tudo
na cama. Deitado até
fechar os olhos. Já não choro. Sinto
um peso em cima da cabeça. Acontece-me
tudo! Até
me roubaram
a carteira com dinheiro e
documentos. "Tinha
muito dinheiro?" Dois mil escudos
para as compras do fim
de semana. Há quatro anos que limpo
aquela escada! Vejam lá! Roubada!

Cai-nos tudo em cima. "São suas?,
essas duas crianças." Tenho mais uma

quase homem e sem emprego.
Tenho sonhado coisas! Um dia
sonhei que os dentes me caiam todos e
o morreu o meu homem! "Quando
é assim, reza-se uma avé-maria e
um padre-nosso. É bom!"
"Vai ao enterro?" "A que horas?"
Não posso, tenho a loja aberta.
Gostava de poder ir. Ela foi
ao enterro do meu falecido marido. "Não foi
ao enterro do meu,
mas quero ir. "Assente aí." - O quê?
"O dinheiro das duas carcaças. Não se esqueça."

À ordem a insónia

Há duas noites que não durmo: persegue-me
o cheiro da urina retardada da cadela
da vizinha; o choro da criança mais pequena
madrugada fora; o rolar dos berlindes
pelas tábuas
forçado pela menina a roçar a adolescência;
o martelar seco da criança do meio
descendo o pesado martelo do pai:
"olha que levas no cú, ai o menino!";
os trambolhões do compadre do vizinho
com arrotos de vinho e bifanas
assomando a carantonha no visor da minha porta...

Há duas noites que não durmo: persegue-me
o calor de um corpo exposto
na areia lavada dos lençóis: persegue-me
à ordem, a insónia na cama de corpo e meio...

Ilumina-se o tempo da memória

Desdobra-se o som no silêncio da noite
crescem os rostos fixos nas molduras
pelos poros de papel a pele branca respira
ergue-se um clarinete no ombro
 ilumina-se o tempo da memória

Onde estará o oficial ruivo
preso por contrabando?

Quantas luas irá somar

O homem fez-se ao rio
pela manhã
carregando nos ombros a lua
de toda a semana.

O homem articulou as canas
e afiou o olhar
nas extremidades aguçadas.

Empatou anzóis e tempo
confiando nas marés.

Partiu leve o homem.
Quantas luas irá somar até.

Etiópia

O escopro cinzela as carnes pálidas
paciente surdo ao murmúrio lento
gerado na matriz de todas as mulheres
perdido o verde das searas...

Sob um céu de fogo onde o sol nunca se põe estendidas
ainda ao sonho dos grãos
os olhos secos sobre a terra pendentes
de lama a mistura no côncavo das mãos...

aberto o sulco a fechar-se sobre todos.

Muda nua a pomba dorme

Muda, nua, a pomba dorme
ao relento na boca dos profetas
do aço, do petróleo, dos núcleos a fundir.
Vive na voz dos poetas,
no acalento seivoso dos versos
lançados à terra em todo o tempo.

Morre, lenta, na agonia da fome e da sede,
vedada para que não leia nas estrelas
o sonho das sondas incandescentes.

Armadilhada, esfíngica pomba, sufoca
na poeira cósmica de um planeta a irradiar-se
em desequilíbrio no universo.

O poder absoluto sobre a terra está
na gema antagónica dos átomos
e a guerra já existe nas estrelas.

www.ingramcontent.com/pod-product-compliance
Lightning Source LLC
Chambersburg PA
CBHW070109070426

42448CB00038B/2444